LA RÉUNION DES AMOURS.

COMEDIE HEROIQUE.

Le prix est de seize sols.

À PARIS;

Chez CHAUBERT, à l'entrée du Quai des Augustins, du côté du Pont S. Michel, à la Renommée & à la Prudence.

M. DCC. XXXII.

ACTEURS.

L'AMOUR.

CUPIDON.

MERCURE.

PLUTUS.

APOLLON.

LA VERITE'.

MINERVE.

LA VERTU.

LA RÉUNION

DES

AMOURS.

COMEDIE HEROIQUE.

SCENE PREMIERE.

L'AMOUR, *qui entre d'un côté.*
CUPIDON, *de l'autre.*

CUPIDON, *à part.*

UE vois-je ? Qui est-ce qui a l'audace de porter comme moi un carquois, & des fléches?

L'AMOUR, *à part.*

N'est-ce pas là Cupidon, cet usurpateur de mon empire ?

A ij

CUPIDON, *à part.*

Ne seroit-ce pas cet Amour Gaulois, ce Dieu de la fade tendresse qui sort de la retraite obscure où ma victoire l'a condamné.

L'AMOUR, *à part.*

Qu'il est laid ! qu'il a l'air débauché !

CUPIDON, *à part.*

Vit - on jamais de figure plus sotte ? sçachons un peu ce que vient faire ici cette ridicule antiquaille. Approchons.

A l'Amour.

Soyez le bien venu, mon Ancien, le Dieu des soupirs timides, & des tendres langueurs, Je vous saluë.

L'AMOUR.

Saluez.

CUPIDON.

Le compliment est sec ; mais je vous le pardonne. Un Proscrit n'est pas de bonne humeur.

L'AMOUR.

Un Proscrit ? Vous ne devez ma retraite qu'à l'indignation qui m'a saisi, quand j'ai vû que les hommes étoient capables de vous souffrir.

CUPIDON.

Mâle-peste, que cela eſt beau ! C'eſt-à-dire, que vous n'avez fui que parce que vous étiez glorieux : & vous êtes un Héros fuyard.

L'AMOUR.

Je n'ai rien à vous répondre. Allez, nous ne ſommes pas faits pour diſcourir enſemble.

CUPIDON.

Ne vous fâchez point, mon Confrere. Dans le fonds je vous plains. Vous me dites des injures : mais votre état me déſarme. Tenez, je ſuis le meilleur garçon du monde. Contez-moi vos chagrins. Que venez-vous faire ici ? Eſt-ce que vous vous ennuyez dans votre ſolitude ? Eh bien, il y a remede à tout. Voulez-vous de l'emploi ? je vous en donnerai. Je vous donnerai votre petite proviſion de fléches ; car celles que vous avez-là dans votre carquois, ne valent plus rien...... Voyez-vous ce dard-là ? Voilà ce qu'il faut. Cela entre dans le cœur ; cela le pénétre ; cela le brûle ; cela l'embraſe : Il crie, il s'agite, il demande du ſecours, il ne ſçauroit attendre.

L'AMOUR.

Quelle méprisable espece de feux ?

CUPIDON.

Ils ont pourtant décrié les vôtres. Entre vous & moy, de votre tems les Amans n'étoient que des Benêts ; ils ne sçavoient que languir, que faire des helas ! & conter leurs peines aux échos d'alentour. Oh ! parbleu, ce n'est plus de même. J'ai supprimé les échos, moi. Je blesse ; ahi ! vîte au remede. On va droit à la cause du mal. Allons, dit-on, je vous aime ; voyez ce que vous pouvez faire pour moi, car le tems est cher ; il faut expedier les hommes. Mes sujets ne disent point je me meurs. Il n'y a rien de si vivant qu'eux. Langueurs, timidités, doux martyre, il n'en est plus question. Fadeur, platitude du tems passé que tout cela. Vous ne faisiez que des sots, que des imbeciles ; moi je ne fais que des gens de courage. Je ne les endors pas, je les éveille : ils sont si vifs, qu'ils n'ont pas le loisir d'être tendres ; leurs regards sont des desirs : au lieu de soupirer, ils attaquent : Ils ne demandent pas d'amour, ils le supposent. Ils ne disent point, faites-moi grace, ils la prennent. Ils ont du respect, mais ils le perdent. Et voilà celui

qu'il faut. En un mot, je n'ai point d'Eſ-
claves, je n'ai que des Soldats. Allons, de-
terminez-vous. J'ai beſoin de commis ; voulez-vous être le mien ? ſur le champ je vous
donne de l'emploi.

L'AMOUR.

Ne rougiſſez-vous point du récit que
vous venez de faire ? Quel oubli de la
vertu !

CUPIDON.

Eh bien ? Quoi, la Vertu ? que voulez-
vous dire ? Elle a ſa charge, & moi la mien-
ne ; elle eſt faite pour regir l'Univers, &
moi pour l'entretenir ; Déterminez-vous,
vous dis-je : Mais je ne vous prends qu'à
condition que vous quitterez je ne ſçai quel
air de dupe que vous avez ſur la phyſiono-
mie. Je ne veux point de cela ; allons, mon
Lieutenant, alerte ; un peu de mutinerie
dans les yeux ; les vôtres prêchent la reſiſ-
tance : Eſt-ce là la contenance d'un vainqueur ? Avec un amour auſſi poltron que
vous, il faudroit qu'un Tendron fît tous
les frais de la défaite. Eh ! éviteriez-vous....
Il tire une de ſes fleches Je ſuis d'avis de
vous égayer le cœur d'une de mes fleches
pour vous ôter cet air timide & langoureux.
Garre que je vous rende auſſi fol que moi.

L'AMOUR, *tirant aussi une de ses fleches.*

Et moi, si vous tirez, je vous rendrai
sage.

CUPIDON.

Non pas, s'il vous plaît. J'y perdrois, &
vous y gagneriez.

L'AMOUR.

Allez, petit libertin que vous êtes, votre
audace ne m'offense point; & votre empire
touche peut-être à sa fin. Jupiter aujour-
d'hui fait assembler tous les Dieux; il veut
que chacun d'eux fasse un don au Fils d'un
grand Roy qu'il aime. Je suis invité à l'Af-
semblée. Tremblez des suites, que peut
avoir cette avanture.

SCENE II.

CUPIDON, *seul.*

COMMENT donc ? Il dit vrai. Tous
les Dieux ont reçû ordre de se rendre
ici; il n'y a que moi qu'on n'a point averti,
& j'ai crû que ce n'étoit qu'un oubli de la
part de Mercure. Le voici qui vient; voyons
ce que cela signifie.

SCENE III.

CUPIDON, MERCURE, PLUTUS.

MERCURE.

AH ! vous voilà, Seigneur Cupidon ? Je suis votre serviteur.

PLUTUS.

Bon-jour, mon Ami.

CUPIDON.

Bonjour, Plutus. Seigneur Mercure, il y a aujourd'hui assemblée generale ; & c'est vous qui avez averti tous les Dieux de la part de Jupiter de se trouver ici.

MERCURE.

Il est vrai.

CUPIDON.

Pourquoi donc n'ai-je rien sçû de cela, moi ? Est-ce que je ne suis pas une Divinité assez considerable ?

A v

MERCURE.

Eh ! où vouliez-vous que je vous prisse ?
Vous êtes un coureur qu'on ne sçauroit at-
traper.

CUPIDON.

Vous biaisez, Mercure : Parlez-moi
franchement. Étois-je sur votre liste ?

MERCURE.

Ma foi non. J'avois ordre exprès de
vous oublier tout net.

CUPIDON.

Moi ? Et de qui l'aviez-vous reçû ?

MERCURE.

De Minerve, à qui Jupiter a donné la
direction de l'Assemblée.

PLUTUS.

Oh ! de Minerve, la Déesse de la Sagesse ?
Ce n'est pas là un grand malheur. Tu sçais
bien qu'elle ne nous aime pas ; mais elle a
beau faire, nous avons un peu plus de cre-
dit qu'elle : Nous rendons les gens heureux,
nous, morbleu, & elle ne les rend que rai-

fonnables ; auffi n'a-t-elle pas la preffe.

C U P I D O N.

Apparemment que c'eft elle qui vous a auffi chargé du foin d'aller chercher le Dieu de la tendreffe, lui dont on ne fe reffouvenoit plus.

M E R C U R E.

Vous l'avez dit, & ma commiffion portoit même de lui faire de grands complimens.

C U P I D O N, *riant.*

La belle Ambaffade !

P L U T U S.

Va, va, mon Ami, laiffe-le venir, ce Dieu de la tendreffe ; quand on le retabliroit, il ne feroit pas grand befogne. On n'eft plus dans le goût de l'amoureux martyre ; On ne l'a retenu que dans les chanfons. Le métier de cruelle eft tombé ; ne t'embaraffe pas de ton Rival ; je ne veux que de l'or pour le battre, moy.

C U P I D O N.

Je le croi. Mais je fuis piqué. Il me prend envie de vuider mon Carquois fu rtous les cœurs de l'Olimpe.

MERCURE.

Point d'étourderie; Jupiter est le maître?
on pourroit bien vous casser, car on n'est
pas trop content de vous.

CUPIDON.

Eh! de quoi peut-on se plaindre, je vous
prie?

MERCURE.

Oh! de tant de choses ; par exemple, il
n'y a plus de tranquillité dans le mariage ;
vous ne sçauriez laisser la tête des maris en
repos; vous mettez toujours après leurs femmes quelque Chasseur qui les attrape.

CUPIDON.

Et moi, je vous dis que mes Chasseurs
ne poursuivent que ce qui se presente.

PLUTUS.

C'est-à-dire, que les femmes sont bien
aises d'être couruës.

CUPIDON.

Voilà ce que c'est. La plupart sont des
coquettes qui en demeurent-là, ou bien qui

ne se retirent que pour agacer, qui n'oublient rien pour exciter l'envie du Chasseur, qui lui disent, Mirez-moi. On les mire, on les blesse, & elles se rendent. Est ce ma faute? Parbleu non ; la coquetterie les a deja bien étourdies, avant qu'on les tire.

MERCURE.

Vous direz ce qu'il vous plaira. Ce n'est point à moi à vous donner des leçons, mais prenez y garde : Ce sont les hommes, ce sont les femmes qui crient, qui disent que c'est vous qui passez les contrats de la moitié des mariages. Après cela, ce sont des vieillards que vous donnez à expedier à de jeunes épouses, qui ne les prennent vivans, que pour les avoir morts, & qui au détriment des Heritiers, ont tout le profit des funerailles. Ce sont de vieilles femmes dont vous vuidez le coffre pour l'achat d'un mari faineant qu'on ne sçauroit ni troquer ni revendre. Ce sont des malices qui ne finissent point ; sans compter votre libertinage : car Bacchus, dit-on, vous fait faire tout ce qu'il veut ; Plutus avec son or, dispose de votre carquois ; pourveu qu'il vous donne, toute votre artillerie est à son service, & cela n'est pas joli ; ainsi tenez-vous en repos, & changez de conduite.

CUPIDON.

Puisque vous m'exhortez à changer, vous avez donc envie de vous retirer, Seigneur Mercure ?

MERCURE.

Laissons-là cette mauvaise plaisanterie.

PLUTUS.

Quant à moi, je n'ai que faire d'être dans les caquets. Tout ce je prends de lui, je l'achete, je marchande, nous convenons, & je paye ; voilà toute la finesse que j'y sçache.

CUPIDON.

Celui-là est comique. Se plaindre de ce que j'aime la bonne chere & l'aisance, moi qui suis l'Amour ? A quoi donc voulez-vous que je m'occupe ? A des Traités de Morale ? Oubliez-vous que c'est moi qui met tout en mouvement, que c'est moi qui donne la vie, qu'il faut dans ma charge un fond inepuisable de bonne humeur, & que je dois être à moi seul plus semillant, plus vivant que tous les Dieux ensemble ?

MERCURE.

Ce sont vos affaires ; mais je pense que voici Apollon qui vient à nous,

PLUTUS.

Adieu donc, je m'en vais. Le Dieu du bel-esprit & moi ne nous amusons pas extrêmement ensemble. Jusqu'au revoir, Cupidon.

CUPIDON.

Adieu, adieu, je vous réjoindrai.

SCENE IV.

CUPIDON, MERCURE, APOLLON.

MERCURE.

QU'AVEZ-vous, Seigneur Apollon ? vous avez l'air sombre.

APOLLON.

Le retour du Dieu de la tendresse me fâche. Je n'aime pas les dispositions où je vois que Minerve est pour lui. Je vous apprends qu'elle va bien-tôt l'amener ici, Cupido.

CUPIDON.

Et que veut-elle en faire?

APOLLON.

Vous entendre raisonner tous les deux
sur la nature de vos feux, pour juger lequel
de vos Dons on doit préferer dans cette
occasion ici : & c'est de quoi même je suis
chargé de vous informer.

CUPIDON.

Tant mieux, morbleu, tant mieux ; cela
me divertira. Allez, il n'y a rien à craindre ;
mon Confrere ne plaide pas mieux qu'il
blesse.

MERCURE.

Croyez-moi pourtant, allez-vous prépa-
rer pendant quelques momens.

CUPIDON.

C'est parbleu bien dit ; Je vais me re-
cuëillir chez Bacchus ; il y a du vin de
Champagne, qui est d'une éloquence admirable ; j'y trouverai mon Plaidoyer tout fait.
Adieu, mes Amis ; tenez - moi des lauriers
tout prêts.

SCENE V.

MERCURE, APOLLON.

APOLLON.

IL a beau dire ; le vent du Bureau n'eſt pas pour lui, & je me defie du ſuccés.

MERCURE.

Eh ! bien que vous importe à vous ? Quand ſon rival reviendroit à la mode, vous n'en inſpirerez pas moins ceux qui chanteront leurs maîtreſſes.

APOLLON.

Eh ! morbleu, cela eſt bien different ; les chanſons ne ſeront plus ſi jolies. On ne chantera plus que des ſentimens. Cela eſt bien plat.

MERCURE.

Bien plat ! que voulez-vous donc qu'on chante ?

APOLLON.

Ce que je veux ? Eſt-ce qu'il faut un

commentaire à Mercure ? Une careſſe, une vivacité, un tranſport, quelque petite action.

MERCURE.

Ah ! vous avez raiſon, je n'y ſongeois pas ; cela fait un ſujet bien plus piquant, plus animé.

APOLLON.

Sans comparaiſon, & un ſujet bien plus à la portée d'être ſenti. Tout le monde eſt au fait d'une action.

MERCURE.

Oüi, tout le monde geſticule.

APOLLON.

Et tout le monde ne ſent pas. Il y a des cœurs materiels qui n'entendent un ſentiment, que lorſqu'il eſt mis ſur un canevas bien intelligible.

MERCURE.

On ne leur explique l'ame qu'à la faveur du corps.

APOLLON.

Vous y êtes ; & il faut avoüer que la Poëſie galante a bien plus de priſe en pateil cas. Aujourd'hui quand j'inspire un couplet de chanson, ou quelques autres vers, j'ai mes coudées franches, je suis à mon aise. C'est Philis qu'on attaque, qui combat, qui se défend mal ; c'est un beau bras qu'on saisit ; c'est une main qu'on adore, & qu'on baise ; c'est Philis qui se fâche ; on se jette à ses genoux, elle s'attendrit, elle s'appaise ; un soupir lui échape. Ah ! Sylvandre ; Ah ! Philis, levez-vous, je le veux. Quoi ! cruelle, mes transports...... finissez. Je ne puis ; laissez-moi ; des regards, des ardeurs, des douceurs ; cela est charmant. Sentez-vous la gayeté, la commodité de ces objets-là ? J'inspire là-dessus en me joüant. Aussi n'a-t-on jamais vû tant de Poëtes.

MERCURE.

Et dont la Poësie ne vous coûte rien. Ce sont les Philis qui en font tous les frais.

APOLLON.

Sans doute. Au lieu que si la tendresse alloit être à la mode, adieu les bras, adieu les mains ; les Philis n'auroient plus de tout cela.

MERCURE.

Elles n'en feroient que plus aimables, &

fans doute plus aimées. Mais laiffez-moi
recevoir la Verité qui arrive.

SCENE VI.

MERCURE, APOLLON, LA VERITÉ.

MERCURE.

IL eft tems de venir, Déeffe ; l'Affemblée
va fe tenir bien-tôt.

LA VERITÉ.

J'arrive. Je me fuis feulement amufée
un inftant à parler à Minerve, fur le choix
qu'elle a fait de certains Dieux, pour la ce-
remonie dont il eft queftion.

APOLLON.

Peut-on vous demander de qui vous
parliez, Déeffe ?

LA VERITÉ.

De qui ? De vous.

APOLLON,

Cela eft net. Et qu'en difiez-vous donc ?

LA VERITE'.

Je difois...... Mais vous êtes bien hardi d'interroger la Verité. Vous y tenez-vous?

APOLLON.

Je ne crains rien. Pourfuivez.

MERCURE.

Courage.

APOLLON,

Que difiez-vous de moi ?

LA VERITE'.

Du bien, & du mal ; beaucoup plus de mal que de bien. Continuez de m'interroger. Il ne vous en coûtera pas plus de fçavoir le refte.

APOLLON.

Eh ! quel mal y a-t-il à dire du Dieu qui peut faire le Don de l'éloquence, & de l'amour des beaux Arts?

LA VERITE'.

Oh ! vos Dons font excellens ; j'en di-

fois du bien; mais vous ne leur reſſemblez
pas.

APOLLON.

Pourquoi ?

LA VERITE'.

C'eſt que vous flattez, que vous mentez,
& que vous êtes un corrupteur des ames
humaines.

APOLLON.

Doucement, s'il vous plaît; comme vous
y allez !

LA VERITE'.

En un mot, un vray Charlatan.

APOLLON.

Arrêtez, car je me fâcherois.

MERCURE.

Laiſſez-la achever ; ce qu'elle dit eſt amu-
ſant.

APOLLON.

Il ne m'amuſe point du tout, moi. Qu'eſt-
ce que cela ſignifie ? En quoi donc meritai-
je tous ces noms-là ?

LA VERITE'.

Vous rougiſſez ; mais ce n'eſt pas de vos vices ; ce n'eſt que du reproche que je vous en fais.

MERCURE, *à Apollon.*

N'admirez-vous pas ſon diſcernement ?

APOLLON.

Déeſſe, vous me pouſſez à bout.

LA VERITE'.

Je vous définis. Vangez-vous, en vous corrigeant.

APOLLON.

Eh ! de quoi me corriger ?

LA VERITE'.

Du métier vénal & mercenaire que vous faites. Tenez, de toutes les eaux de votre Hypocrene, de votre Parnaſſe, & de votre bel-eſprit, je n'en donnerois pas un fétu ; non plus que de vos neuf Muſes, qu'on appelle les chaſtes ſœurs, & qui ne ſont que neuf vieilles friponnes que vous n'employez qu'à faire du mal. Si vous êtes le Dieu de l'Eloquence, de la Poësie, du bel-esprit, soutenez donc ces grands Attributs avec quelque dignité. Car enfin, n'est-ce pas vous qui dictez tous les éloges flatteurs qui se debitent? Vous êtes si accoutumé à mentir, que lorsque vous loüez la vertu, vous n'avez plus d'esprit, vous ne sçavez plus où vous en êtes.

MERCURE.

Elle n'a pas tout le tort. J'ai remarqué que la fiction vous reüssit mieux que le reste.

LA VERITE'.

Je vous dis qu'il n'y a rien de si plat que lui, quand il ne ment pas. On est toujours mal loüé de lui, dès qu'on merite de l'être: Mais dans le fabuleux, oh! il triomphe. Il vous fait un monceau de toutes les vertus, & puis vous les jette à la tête: Tiens, prens, enyvre-toi d'impertinences & de chimeres.

APOLLON.

Mais enfin.......

LA VERITE'.

Mais enfin, tant qu'il vous plaira. Vos Epîtres Dedicatoires, par exemple?

MERCURE.

MERCURE.

Oh ! faites-lui grace là-deſſus. On ne les
lit point.

LA VERITE'.

Dans le grand nombre , il y en a quel-
ques-unes que j'approuve. Quand j'ouvre
un Livre , & que je vois le nom d'une ver-
tueuſe Perſonne à la tête, je m'en réjoüis ;
mais j'en ouvre un autre , il s'adreſſe à une
perſonne admirable ; j'en ouvre cent, j'en
ouvre mille ; tout eſt dedié à des prodiges
de vertu & de merite. Et où ſe tiennent
donc tous ces prodiges ? Où ſont-ils ? Comment ſe fait-il que les perſonnes vraïment
loüables ſoient ſi rares , & que les Epîtres
Dedicatoires ſoient ſi communes ? Il me les
faut pourtant en nombre égal , ou bien vous
n'êtes pas un Dieu d'honneur. En un mot,
il y a mille Epîtres où vous vous écriez ,
„ que votre modeſtie ſe raſſure , Monſei-
gneur. „ Il me faut donc mille Monſeigneurs
modeſtes. Oh ! de bonne foi, me les four-
niriez-vous ? Concluez.

APOLLON.

Mais, Mercure, approuvez-vous tout ce
qu'elle me dit là.

MERCURE.

Moi? je ne vous trouve pas si coupable
qu'elle le croit. On ne sent point qu'on est
menteur, quand on a l'habitude de l'être.

APOLLON.

La réponse est consolante.

LA VERITE'.

En un mot, vous masquez tout. Et ce
qu'il y a de plaisant, c'est que ceux que
vous travestissiez, prennent le masque que
vous leur donnez pour leur visage. Je connois une très-laide femme, que vous avez
appellée charmante Iris. La folle n'en veut
rien rabatre. Son miroir n'y gagne rien ;
elle n'y voit plus qu'Iris. C'est sur ce pied-là
qu'elle se montre ; & la charmante Iris est
une Guenon qui vous feroit peur. Je vous
pardonnerois tout cela cependant, si vos
flatteries n'attaquoient pas jusqu'aux Princes ;
mais pour cet article-là, je le trouve affreux.

MERCURE.

Malepeste ! C'est l'article de tout le monde,

APOLLON.

Quoi ? dire la verité aux Princes?

LA VERITE'.

Le plus grand des Mortels, c'est le Prince qui l'aime, & qui la cherche. Je mets pres-que à côté de lui le sujet vertueux qui ose la lui dire. Et le plus heureux de tous les peuples, est celui chez qui ce Prince & ce sujet se rencontrent ensemble.

APOLLON.

Je l'avouë, il me semble que vous avez raison.

LA VERITE'.

Au reste, Apollon, tout ce que je vous dis-là ne signifie pas que je vous craigne. Vous sçavez aujourd'hui de quel Prince il est question. Faites tout ce qu'il vous plaira, la sagesse & moi nous remplirons son ame d'un si grand amour pour les vertus, que vos flatteurs seront reduits à parler de lui, comme j'en parlerai moi-même. Adieu.

APOLLON.

C'en est fait, je me rends, Déesse, & je me racommode avec vous. Allons, je vous consacre mes veilles. Vous fournirez les ac-tions au Prince, & je me charge du soin de les célebrer.

SCENE VII.

MERCURE, APOLLON.

MERCURE.

SEIGNEUR Apollon, je vous félicite de vos louables dispositions. Ce que c'est que les gens d'esprit ! Tôt ou tard ils deviennent honnêtes gens.

APOLLON.

Voilà ce qui fait qu'on ne doit pas desesperer de vous, Seigneur Mercure.

SCENE VIII.

CUPIDON, MERCURE, APOLLON.

CUPIDON.

GARE, gare, Messieurs ; voici Minerve qui se rend ici avec mon Rival.

MERCURE.

Eh bien ? nous ne serons pas de trop ; je serai bien aise d'être present.

APOLLON.

Vous n'auriez pas mal fait de me communiquer ce que vous avez à dire. J'aurois pû vous fournir quelque chose de bon ; mais vous ne consultez personne.

CUPIDON.

Mons de la Poësie, vous me manquez de respect.

APOLLON.

Pourquoi donc ?

CUPIDON.

Vous croyez avoir autant d'esprit que
moi, je pense ?

MERCURE, *rit.*

Hé, hé, hé, hé.

APOLLON.

Je sçai pourtant persuader la raison
même.

CUPIDON.

Et moi, je la fais taire. Taisez-vous
aussi.

SCENE IX.

MINERVE, L'AMOUR, CUPIDON, MERCURE, APOLLON.

MINERVE.

VOus sçavez, Cupidon, de quel emploi Jupiter m'a chargée. Peut-être vous plaindrez-vous du secret que je vous ai fait de notre assemblée : mais je croyois vos feux trop vifs. Quoiqu'il en soit, nous ne voulons point que le Prince ait une ame insensible. L'un de vous deux doit avoir quelque droit sur son cœur, mais sa raison doit primer sur tout ; & vous êtes accusé de ne la ménager guere.

CUPIDON.

Oüi-dà, je l'étourdis quelquefois. Il y a des momens difficiles à passer avec moi, mais cela ne dure pas.

APOLLON.

Quand on aime, il faut bien qu'il y paroisse.

MERCURE.

Tenez, dans la theorie, le Dieu de la tendreſſe l'emporte ; mais j'aime mieux ſa pratique, à lui.

MINERVE.

Meſſieurs, ne ſoyez que ſpectateurs.

MERCURE.

Je ne dis plus mot.

APOLLON.

Pour moi, ſerviteur au ſilence. Je ſorſ.

MINERVE.

Vous me faites plaiſir.

SCENE X.

MINERVE, L'AMOUR, CUPIDON, MERCURE.

MINERVE.

ALLONS, Cupidon, je vous écouterai, malgré les défauts qu'on vous reproche.

CUPIDON.

Mais qu'est-ce que c'est que mes défauts ? Où cela va-t-il ? On dit que je suis un peu libertin ; mais on n'a jamais dit que j'étois un benêt.

L'AMOUR.

Eh ! de qui l'a-t-on dit ?

CUPIDON.

A votre place, je ne ferois point cette question-là.

MINERVE.

Il ne s'agit point de cela. Terminons. Je ne suis venuë ici que pour vous écouter. Voyons.

B v

A l'Amour.

Vous êtes l'ancien, vous; parlez le premier.

L'AMOUR, *tousse & crache.*

Sage Minerve, vous, devant qui je m'esti-
mē heureux de reclamer mes droits......

CUPIDON.

Je défends les coups d'encensoir.

MINERVE.

Retranchez l'encens.

L'AMOUR.

Je croirois manquer de respect, & faire
outrage à vos lumieres, si je vous soupçon-
nois capable d'hesiter entre lui & moi.

CUPIDON.

La Cour remarquera qu'il la flatte.

MINERVE.

A Cupidon.

Laissez-le donc dire.

CUPIDON.

Je ne parle pas. Je ne fais qu'apostiller
son exorde.

L'AMOUR.

Ah ! ç'en est trop. Votre audace m'irrite, & me fait sortir de la modération que je voulois garder. Qui êtes-vous pour oser me disputer quelque chose ? Vous, qui n'avez pour attribut que le vice, digne heritage d'une origine aussi impure que la vôtre ? Divinité scandaleuse, dont le culte est un crime, à qui la seule corruption des hommes a dressé des Autels ? Vous, à qui les devoirs les plus sacrés servent de victimes ? Vous, qu'on ne peut honorer, qu'en immolant la vertu ? Funeste autheur des plus honteuses flétrissures des hommes, qui, pour recompense à ceux qui vous suivent, ne leur laissez que le deshonneur, le repentir, & la misere en partage : Osez-vous vous comparer à moi, au Dieu de la plus noble, de la plus estimable, de la plus tendre des passions, & j'ose dire de la plus féconde en Heros ?

CUPIDON.

Bon, des Heros ! Nous voilà bien riches ! Est-ce que vous croyez que la terre ne se passera pas bien de ces Messieurs-là ? Allez, ils sont plus curieux à voir que necessaires : leur gloire a trop d'attirail. Si l'on rabatoit tous les frais qu'il en coûte pour les avoir,

on verroit qu'on les achete plus qu'ils ne
valent. On eſt bien dupe de les admirer,
puiſqu'on en paye la façon. Il faut que les
hommes vivent un peu plus bourgeoiſement
les uns avec les autres, pour être en repos.
Vos Heros ſortent du niveau, & ne font
que du tintamarre. Pourſuivez.

MINERVE.

Laiſſons-là les Heros. Il eſt beau de l'être;
mais la raiſon n'admire que les ſages.

CUPIDON.

Oh! de ceux-là, il n'en a jamais fait, ni
moi non plus.

L'AMOUR.

De grace, écoutez-moi, Déeſſe. Qu'eſt-
ce que c'étoit autrefois que l'envie de plaire?
je vous en atteſte vous-même. Qu'eſt-ce
que c'étoit que l'amour? Je l'appellois tout-
à-l'heure une paſſion. C'étoit une vertu,
Déeſſe: c'étoit du moins l'origine de toutes les vertus enſemble. La nature me pre-
ſentoit des hommes groſſiers, je les poliſſois;
des féroces, je les humaniſois; des faineans,
dont je reſſuſcitois les talens enfoüis dans
l'oiſiveté & dans la pareſſe. Avec moi, le
méchant rougiſſoit de l'être. L'eſpoir de

plaire, l'impossibilité d'y arriver autrement
que par la vertu, forçoient son ame à de-
venir estimable. De mon temps, la pudeur
étoit la plus estimable des graces.

CUPIDON.

Eh bien ! il ne faut pas faire tant de bruit ;
c'est encore de même. Je n'en connois point
de si piquante, moi, que la pudeur. Je l'a-
dore, & mes sujets aussi. Ils la trouvent si
charmante, qu'ils la poursuivent par tout où
ils la trouvent. Mais je m'appelle l'Amour ;
mon métier n'est pas d'avoir soin d'elle. Il
y a le respect, la sagesse, l'honneur, qui
sont commis à sa garde. Voilà ses Officiers ;
c'est à eux à la défendre du danger qu'elle
court ; & ce danger c'est moi. Je suis fait
pour être, ou son vainqueur, ou son vaincu.
Nous ne sçaurions vivre autrement ensemble ; & sauve qui peut. Quand je la bats,
elle me le pardonne : quand elle me bat,
je ne l'en estime pas moins, & elle ne m'en
hait pas davantage. Chaque chose a son con-
traire ; je suis le sien. C'est sur la bataille des
contraires que tout roule dans la nature.
Vous ne sçavez pas cela, vous ; vous n'êtes
point Philosophe.

L'AMOUR.

Jugez-nous, Déesse, sur ce qu'il vient

d'avoüer lui-même. N'est-il pas condamnable ? Quelle difference des Amans de mon tems aux siens ? Que de décence dans les sentimens des miens ! Que de dignité dans les transports même !

CUPIDON.

De la dignité dans l'amour ! De la décence pour la durée du monde ! Voilà des agrémens d'une grande ressource ! Il ne sçait plus ce qu'il dit. Minerve, toute la nature est interessée à ce que vous renvoyiez ce vieux Garçon-là. Il va l'appauvrir à un point, qu'il n'y aura plus que des deserts. Vivra-t-elle de soupirs ? Il n'a que cela vaillant. Autant en emporte le vent : & rien ne reste que des Romans de douze Tomes. Encore à la fin, n'y aura-t-il personne pour les lire. Prenez garde à ce que vous allez faire.

L'AMOUR.

Juste Ciel ! faut-il ?....

CUPIDON.

Bon, des apostrophes au Ciel ! Voilà encore de son jargon. Eh ! morbleu, qu'il s'en aille. Tenez, mon ami, je veux bien encore vous parler raison. Vous me reprochez ma naissance, parce qu'elle n'est pas méthodique, & qu'il y manque une petite formalité, n'est-ce pas ? Eh bien, mon enfant, c'est en quoi elle est excellente, admirable ; & vous n'y entendez rien.

MERCURE.

Ceci est nouveau.

CUPIDON.

Doucement. La nature avoit besoin d'un Amour, n'est-il pas vrai ? Comment falloit-il qu'il fût, à votre avis ? Un conteur de fades sornettes ? Un trembleur qui a toujours peur d'offenser, qui n'eût fait dire aux femmes, que, ma gloire ! & aux hommes, que, vos divins appas ! Non, cela ne valoit rien. C'étoit un espiégle tel que moi qu'il falloit à la nature ; un étourdi, sans souci, plus vif que délicat ; qui mît toute sa noblesse à tout prendre, & à ne rien laisser. Et cet enfant-là, je vous prie, y avoit-il rien de plus sage que de lui donner pour pere & pour mere des parens joyeux, qui le fissent naître sans cérémonie dans le sein de la joye. Il ne falloit que le sens commun pour sentir cela. Mais, dites-vous, vous êtes le Dieu du vice ? Cela n'est pas vrai ; Je donne de l'amour, voilà tout : le reste vient du cœur des hommes. Les uns y perdent, les autres y ga-

gnent ; je ne m'en embaraſſe pas. J'allume
le feu ; c'eſt à la raiſon à le conduire : & je
m'en tiens à mon métier de Diſtributeur de
flâmes au profit de l'Univers. En voilà aſſez ;
croyez-moi ; retirez-vous. C'eſt l'avis de
Minerve.

MINERVE.

Je ſuſpens encore mon jugement entre
vous deux. Voici la Vertu qui entre ; Je
ne prononcerai que lorſqu'elle m'aura donné ſon avis.

***

SCENE XI.

LA VERTU.

Les Acteurs précedents.

MINERVE.

VEnez, Déeſſe ; nous avons beſoin de
vous ici. Vous ſçavez les motifs de
notre aſſemblée. Il s'agit à preſent de ſça-
voir lequel de ces deux amours nous devons
retenir pour nos deſſeins. Je viens d'entendre leurs raiſons ; mais je ne deciderai la
choſe, qu'après que vous l'aurez examinée
vous-même. Que chacun d'eux vous faſſe

sa déclaration. Vous me direz après, laquelle
vous aura paru du caractere le plus estimable ; & je jugerai par là lequel de leurs Dons
peut entraîner le moins d'inconveniens dans
l'ame du Prince. Adieu, je vous laisse ; &
vous me ferez votre rapport.

SCENE XII.

L'AMOUR, CUPIDON, MERCURE, LA VERTU.

MERCURE.

L'EXPEDIENT est très-bon.

CUPIDON.

Dites-moi, Déesse, ne vaudroit-il pas
mieux que nous vous tirassions chacun un
petit coup de dard ? Vous jugeriez mieux de
ce que nous valons par nos coups.

LA VERTU.

Cela seroit inutile. Je suis invulnerable.
Et d'ailleurs, je veux vous écouter de sens
froid, sans le secours d'aucune impression
étrangere.

MERCURE.

C'est bien dit, point de prévention.

L'AMOUR.

Il est bien humiliant pour moi de me voir tant de fois reduit à lutter contre lui.

CUPIDON.

Mon ancien recule ici ? Ses flâmes heroï-ques ont peur de mon feu bourgeois. C'est le brodequin qui épouvante le cothurne.

L'AMOUR.

Je pourrois avoir peur, si nous avions pour juge une ame commune, mais avec la Vertu je n'ai rien à craindre.

CUPIDON.

Il fait toujours des exordes. Il a pillé celui-ci dans Cleopatre.

LA VERTU.

Qu'importe? Allons, je vous entends.

MERCURE.

Le pas est reglé entre vous. C'est à l'A-mour à commencer.

CUPIDON.

Sans doute. Il est la Tragedie, lui. Moi,
je ne suis que la petite Piece. Qu'il vous
glace d'abord, je vous rechaufferai après.

Mercure & la Verité sourient.

L'AMOUR.

Quoi ? met-il deja les rieurs de son côté?

LA VERTU,

Laissez-le dire. Commencez, je vous
écoute.

MERCURE.

Motus.

L'AMOUR, *s'écarte, & fait la révé-*
rence en abordant la Vertu.

Permettez-moi, Madame, de vous demander un moment d'entretien. Jusques ici
mon respect a reduit mes sentimens à se
taire.

CUPIDON, *baaille.*

Ha, ha, ha.

L'AMOUR.

Ne m'interrompez donc pas.

CUPIDON.

Je vous demande pardon ; mais je suis
l'Amour : & le respect m'a toujours fait
bâäiller. N'y prenez pas garde.

MERCURE.

Ce début me paroît froid.

LA VERTU.

à l'Amour.
Recommencez.

L'AMOUR.

Je vous disois, Madame, que mon respect a reduit mes sentimens à se taire. Ils
n'ont osé se produire que dans mes timides
regards ; mais il n'est plus tems de feindre, ni
de vous derober votre victime. Je sçais tout
ce que je risque à vous déclarer ma flâme.
Vos rigueurs vont punir mon audace. Vous
allez accabler un temeraire ; Mais, Madame, au milieu du courroux qui va vous saisir,
souvenez-vous du moins que ma témérité
n'a jamais passé jusqu'à l'esperance ; & que
ma respectueuse ardeur......

CUPIDON.

Encore du respect ! Voilà mes vapeurs
qui me reprennent.

MERCURE.

Et les voilà qui me gagnent aussi, moi.

L'AMOUR.

Déesse, rendez-moi justice. Vous sentez bien qu'on m'arrête au milieu d'une période assez touchante, & qui avoit quelque dignité.

LA VERTU.

Voilà qui est bien ; votre langage est décent. Il n'étourdit point la raison. On a le tems de se reconnoître ; & j'en rendrai bon compte.

MERCURE.

Cela fait une belle Piece d'éloquence. On diroit d'une harangue.

CUPIDON.

Oui-dà ; cette flâme, avec les rigueurs de Madame, la témérité qu'on accable à cause de cette audace qui met en courroux, en depit de l'esperance qu'on n'a point, avec cette victime qui vient brocher sur le tout. Cela est très-beau, très touchant assurément.

L'AMOUR, *à cupidon.*

Ce n'est pas votre sentiment qu'on de-

mande. Voulez-vous que je continuë,
Déeſſe ?

LA VERTU.

Ce n'eſt pas la peine. En voilà aſſez. Je
vois bien ce que vous ſçavez faire. A vous,
Cupidon.

MERCURE.

Voyons.

CUPIDON.

Non, Déeſſe adorable, ne m'expoſez point
à vous dire que je vous aime. Vous regar-
dez ceci comme une feinte ; mais vous êtes
trop aimable, & mon cœur pourroit s'y mé-
prendre. Je vous dis la verité ; ce n'eſt pas
d'aujourd'hui que vous me touchez. Je me
connois en charmes. Ni ſur la terre, ni
dans les cieux, je ne vois rien qui ne le ce-
de aux vôtres. Combien de fois n'ai-je pas
été tenté de me jetter à vos genoux ? Quelles
délices pour moi d'aimer la Vertu, ſi je pou-
vois être aimé d'elle ? Eh ! pourquoi ne m'ai-
meriez-vous pas ? Que veut dire ce penchant
qui me porte à vous, s'il n'annonce pas que
vous y ſerez ſenſible ? Je ſens que tout mon
cœur vous eſt deu. N'avez-vous pas quelque repugnance à me refuſer le vôtre ? Aimable Vertu, me fuiez-vous toujours ? regar-

dez-moi. Vous ne me connoiſſez pas. C'eſt l'Amour à vos genoux qui vous parle. Eſſayez de le voir. Il eſt ſoumis : Il ne veut que vous fléchir. Je vous aime, je vous le dis ; vous m'entendez ; mais vos yeux ne me raſſurent pas. Un regard acheveroit mon bonheur. Un regard ? Ah ! quel plaiſir, vous me l'accordez. Chere main que j'idolatre, recevez mes tranſports. Voici le plus heureux inſtant qui me ſoit échu en partage.

LA VERTU, ſoupirant.

Ah ! finiſſez, Cupidon ; je vous défends de parler davantage.

L'AMOUR.

Quoi ? la Vertu ſe laiſſe baiſer la main ?

LA VERTU.

Il va ſi vîte, que je ne la lui ai pas vû prendre.

MERCURE.

Ce fripon-là m'a attendri auſſi.

CUPIDON.

Déeſſe, pour m'expliquer comme lui ;

vous plaît-il d'écouter encore deux ou trois
petites Périodes de consequence ?

LA VERTU.

Quoy, voulez-vous continuer ? Adieu.

CUPIDON.

Mais vous vous en allez, & ne décidez rien.

LA VERTU.

Je me sauve, & vais faire mon rapport
à Minerve.

L'AMOUR.

Adieu, Mercure, je vous quitte, & je
vais la suivre.

CUPIDON, *riant.*

Allez, allez lui servir d'antidote.

SCENE

SCENE XIII.

MERCURE, CUPIDON.

CUPIDON, *riant.*

HA, ha, ha, ha. La Vertu se laissoit apprivoiser. Je la tenois deja par la main, toute Vertu qu'elle est : & si elle me donnoit encore un quart d'heure d'audience, je vous la garantirois mal nommée.

MERCURE.

Oui ; mais la Vertu est sage, & vous fuit.

CUPIDON.

La belle ressource !

MERCURE.

Il n'y en a point d'autre avec un fripon comme vous.

CUPIDON.

Qu'est-ce donc, Seigneur Mercure ? Vous me donnez des épithetes ! vous vous familiarisez, petit Commensal ?

C

MERCURE.

Quoi, vous vous fâchez?

CUPIDON.

Oh ! que non. Nous ne pouvons nous passer l'un de l'autre. Mais qu'en dites-vous? Le Dieu de la Tendresse n'a pas beaucoup brillé, ce me semble?

MERCURE.

Vous êtes un étourdi. Vous ne l'avez que trop battu ; & je crains que vous n'ayiez paru trop fort. Comment donc? vous égratignez en jouant jusqu'à la Vertu même? Oh ! on ne vous choisira pas pour la cérémonie présente. Vous êtes trop remuant. Vous mettriez la Ville & la Cour sur un joli ton. J'entends quelqu'un. Je suis sûr que c'est Minerve qui va venir vous donner votre congé. C'est elle-même.

SCENE XIV.

ET DERNIERE.

Tous les Acteurs de la Piece.

MINERVE.

CUPIDON, la Vertu décidoit contre vous ; & moi-même j'allois être de son sentiment, si Jupiter n'avoit pas jugé à propos de vous réunir, en vous corrigeant, pour former le cœur du Prince. Avec votre Confrere, l'ame est trop tendre, il est vrai ; mais avec vous, elle est trop libertine. Il fait souvent des cœurs ridicules ; vous n'en faites que de méprisables. Il égare l'esprit ; mais vous ruinez les mœurs. Il n'a que des défauts, vous n'avez que des vices. Unissez-vous tous deux. Rendez-le plus vif, & plus passionné ; & qu'il vous rende plus tendre & plus raisonnable : & vous serez sans reproche. Au reste, ce n'est pas un conseil que je vous donne ; c'est un ordre de Jupiter que je vous annonce.

C ij

CUPIDON, *embraſſant l'Amour.*

Allons, mon Camarade, je le veux bien.
Embraſſons-nous. Je vous apprendrai à
n'être plus ſi ſot ; & vous m'apprendrez à
être plus ſage.

FIN.

9 782019 678821